D1719733

Oliver Bieber

F wie Fledermaus

Cornelsen

FLEDERMAUSFLUGBAHN

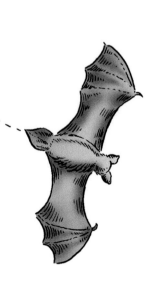

2

FLEDERMAUSFAHRZEUG

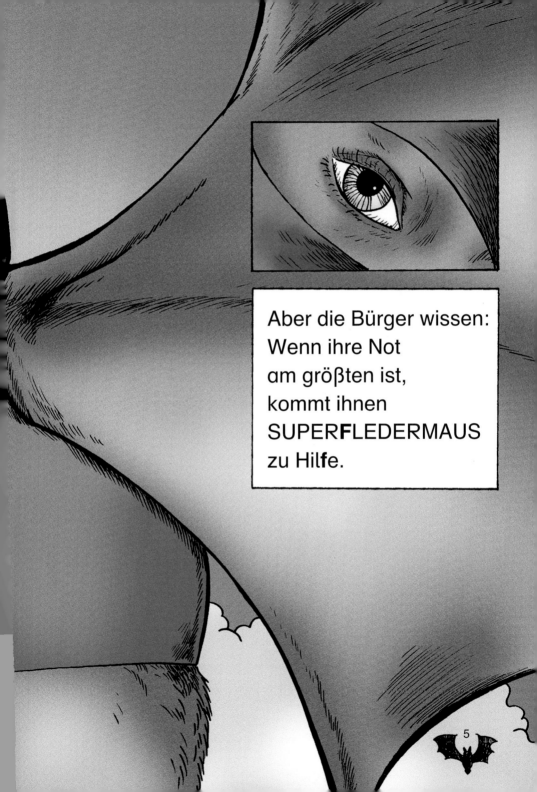

Aber die Bürger wissen:
Wenn ihre Not
am größten ist,
kommt ihnen
SUPER**F**LEDERMAUS
zu Hil**f**e.

Ich war nicht immer
SUPERFLEDERMAUS.

Früher war ich eine ganz normale **F**ledermaus,
die in den Gewölben unter **F**latterstadt lebte.

Wir alle wussten, dass die Stadt
von den Katzenbanden,
den Gangs, kontrolliert wurde,
aber wir kleinen Mäuse
und **F**ledermäuse waren wehrlos.

Es gab damals
zahlreiche Gangs,
(sprich: Gängs),
die wichtigsten waren:

Die ÜKG –
die Üble-Katzen-Gang,
die MMNAKG,
die Maunz-mich-nicht-an-Katzen-Gang –
und die **F**KBKG,
die **F**auch-Kratz-Beiss-Katzen-Gang.

Ich wollte eilig nach Hause fliegen,
bevor der Sturm losbrach,
aber ich kam zu spät.
Ich geriet zwischen zwei Blitze
und wurde durch ein galaktisches
Kraftfeld verwandelt.

Durch die Explosion
wuchsen mir Superkräfte.

Jetzt begann die große Zeit
von SUPERFLEDERMAUS.

Ich bemerkte, dass ich Hilfeschreie
über hunderte von Kilometern
deutlich hören konnte.
Ich flog schneller und ausdauernder
als hundert Fledermäuse zusammen.

Die Katzen hatten das erste Mal
einen Gegner, der ihre
miesen Geschäfte
vermasselte.

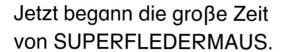

Die Zeitungen waren voll
mit meinen Heldentaten.

Der mächtigste Katzen-Gangster Fisimatenten-Felix und seine Braut Miezen-Mausi riefen die Bosse der Unterwelt zu einem Treffen.

Aber damit hatten die Katzen
nicht gerechnet:
Alle Fledermäuse und Mäuse,
denen ich je geholfen hatte,
eilten herbei, um für mich zu kämpfen.
Plötzlich war die Luft von
den Angstschreien der Katzen erfüllt.

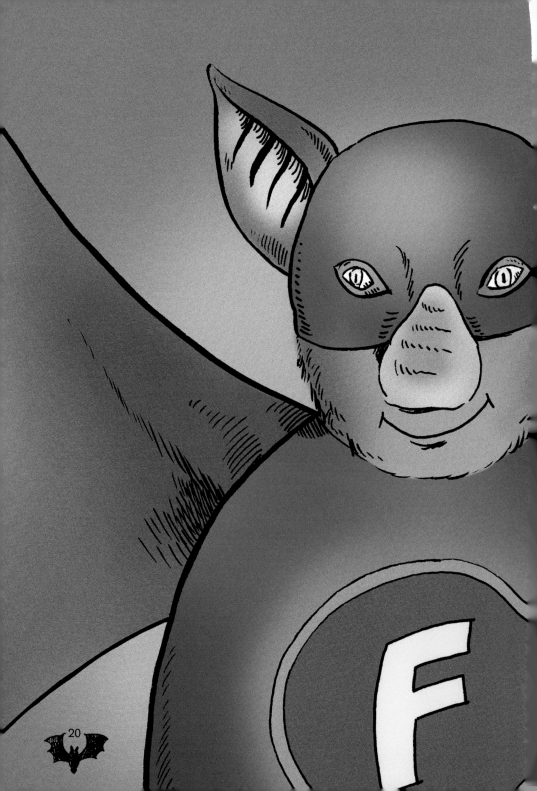

Jetzt ist Frieden
in Flatterstadt eingekehrt,
Aber SUPERFLEDERMAUS
bleibt wachsam, denn:
Das Verbrechen schläft nie.

21

Andere Superhelden

SUPERNASHORN

SUPERSAU

Was meinst du, welche Superkräfte
diese Tiere haben?
Vielleicht hast du Lust,
noch andere Tiere zu finden?

SUPERHAMSTER

SUPEREMU

SUPERSCHNECKE

Ich bin
superlangsam.

Flug

Pflanze

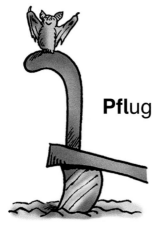

Pflug

Pflaume

... findest du noch mehr Wörter,
die mit Fl und Pfl beginnen?

Schreib doch einmal alle auf
und versuche,
sie ganz schnell
hintereinander vorzulesen.

Ein echter Zungenbrecher!

Pfand

Fund

Pfund

Fliege

Ich fand
ein Pfund
vergessener
Pflaumen.

**Bist du auch eine Superheldin,
ein Superheld?**

**Dann findest du bestimmt
superviele Reime
auf Maus!**

Maus

Haus

Graus

...

Du findest bestimmt auch Reime auf

Nacht

Flatter

Katze

Ist die Fledermaus ein Vogel?

Die Fledermaus hat zwar Flügel,
ist aber kein Vogel.

Vögel legen Eier
und haben ein Federkleid.
5 Sie stammen direkt
von den Dinosauriern ab,
die auch Eier legten.

Fledermäuse haben
ein Fell aus Haaren,
10 und sie legen keine Eier.
Sie sind Säugetiere,
sie bringen also lebende Babys
zur Welt. Die Mütter säugen
die Fledermaus-Jungen
15 mit Milch.

Die Fledermaus hat Beine und Arme,
ähnlich wie bei dir.
Wenn sie ihre Flügel ausbreitet,
sieht man die Ärmchen, und
20 zwischen ihren fünf Fingern
spannt sich die Flughaut.

Die Fledermaus ist übrigens
das einzige Säugetier,
das fliegen kann.

25 Obwohl die Fledermaus
„Maus" im Namen hat,
ist sie keine Maus.
Sie ist eine ganz eigene Art.

Es gibt auf der Erde ungefähr
30 900 Fledermausarten.
Einige haben
sehr hübsche Namen wie:
Azoren-Abendsegler,
Bulldoggenfledermaus,
35 Glattnasen-Freischwänze
oder Stummeldaumen.

Wenn es Winter wird
und die Fledermaus
keine Insekten zum Fressen findet,
40 zieht sie sich zum Winterschlaf zurück.
Auch deswegen ist für die Fledermaus
ein guter Schlafplatz sehr wichtig.

Wo soll die Fledermaus schlafen?

Die Fledermaus hat ein großes Problem:
Niemand gibt ihr Unterkunft!

Früher gab es für die Fledermaus
genug Platz in alten Dachböden,
5 Kellern oder Höhlen.

Wenn du durch Burgruinen gehst,
oder in alte Kirchtürme steigst,
findest du mit großer Wahrscheinlichkeit
Fledermäuse, die an der Decke hängen.

10 Heute sind viele Häuser so gebaut
oder renoviert, dass Fledermäuse
nirgendwo hineinfliegen können.

Der ideale Schlafplatz für Fledermäuse
ist zum Beispiel die große Tropfstein-Höhle
15 im Segeberger Kalkberg.

Nebenan sind die Karl-May-Festspiele.
Aber Winnetous Geschrei stört sie nicht,
da sie tief schlafen.

Ein weiteres Problem ist die Zerstörung

20 ihres Lebensraumes.

Das heißt, dort, wo die Fledermaus sonst
durch die Nacht geflogen ist und Insekten fing,
wurde eine Wiese zugebaut oder ein Wald gerodet.
Es gibt keine Pflanzen und keine Insekten mehr.

25 Vielleicht hast du schon Fledermaus-Kästen
im Park oder im Wald gesehen.

Wenn du einen Platz für die Fledermaus
schaffen möchtest, kannst du dich beim NABU,
dem Naturschutzbund, informieren.

30 Die beraten alle „Fledermaus-Freunde".
Im Internet findest du Informationen
zu diesem Thema:
www.fledermausfreundliches-haus.de
oder www.fledermausschutz.de

Gesamtgestaltung: X-six agency GmbH

Illustration: Oliver Bieber

www.cornelsen.de

1. Auflage, 1. Druck 2008

Druck: 1010 Printing International Ltd, Yuan Zhou

ISBN 978-3-589-00465-2

 Inhalt gedruckt auf säurefreiem Papier aus nachhaltiger Forstwirtschaft.